AF250750

HISTOIRE ADMIRABLE DES EFFETS MERVEILLEVX

du Tonnerre & Foudre du Ciel, qui ont tué & blessé plusieurs personnes & bœufs estans à la campagne pres de Gyen & Bony sur Loyre. Et vn deluge inombrable d'eaües arriué en mesme temps audit lieu.

Auec le Certificat du sieur Pithery, Chirurgien, demeurant à Bony, qui a visité les corps morts & blessez.

A PARIS,

Chez IEAN MARTIN, sur le Pont S. Michel, à l'Anchre double.

M. DC. XXXIII.

Auec Permission.

HISTOIRE ADMIRABLE

*des effets merueilleux du Tonnerre & fou-
dre du Ciel, qui ont tué & bleßé plusieurs
personnes & bœufs estans à la charruë, à
Gyen & Bony sur Loire.*

 'EST vne chose veritable qu'en
toutes les creatures il y a vn a-
mour, & vn apetit vniuersel qui
les incite à aymer leur naturel, & à le desirer. Mais comme les nations sont diuerses,
ainsi est-il de l'amour & de l'apetit qui sõt
en elles, d'où vient qu'il y a d'autant de
sortes de nature, que de diuersitez. C'est
pour cela que le feu, & l'air ayment natu-
rellement le haut, & y tirent tousiours,
comme leau & la terre ayment le bas, & y
tendent continuellement. Or c'est en cecy
que l'on considere la cause des tonnerres,
des tremblemens de terre, & autres sem-
blables troubles entre les Elemens. Car
tout cela arriue lors que les creatures, qui

A

par leurs contraires sont empeschees de suiure leur naturel, combatent contre celles qui les en gardent, comme s'il y auoit guerre ouuerte entre elles. Ce qui fait que celle qui par force se peut donner ouuerture, aquiert l'auantage qu'elle souhaite. Mais à cause de la repugnance qui y est, cela ne se peut faire sans grande violence, & bruit merueilleux, dont procedent plusieurs effects admirables, notamment du tonnerre. C'est ce qui a donné sujet à plusieurs grands esprits d'en rechercher les causes de pres: Mais les opiniōs des hommes en cela sont toutes differentes. Les vns soustiennent que le tonnerre est causé des coups que donne le feu estant dans les nuees, lesquelles il fend, se faisant paroistre parmy comme on peut voir és éclairs. Aristote en ces Meteores escrit que des exalations chaudes & seches, esleuees de la terre iusques en la supréme region de l'air, & repoussees par la vertu des rais des estoiles dans les nuees naist & prouient le ton-

terre. Car ces exalaisons voulans sortir au
large & se mettre en liberté, apportent ce
bruit, que Nature estouffe souuent, tandis
qu'elles combattét contre les nuees. Mais
lors qu'elles peuuent auoir issuë, elles font
éclater la nuë comme si c'estoit vne vessie
pleine de vent rompuë par force.

Ie laisse toutes ces disputes aux Philo-
sophes, & Ie me contenteray de dire, que
la vraye cause du tonnerre est le vent en-
clos, qui ne cherche qu'à sortir. Mais ce
qui est le plus émerueillable en iceluy, c'est
la grande violance de son éclair, & les choses étranges qui arriuent de son feu, qui
penétre plus que tout autre feu, à cause
de son mouuement fort leger. Chacun
sçait qu'il y a difference de chaleur, &
non seulement pour la matiere vn feu
est plus chaud que l'autre, comme celuy
qui est au fer, est plus chaud que celuy
qui est en la paille, & celuy qui est au
bois de chesne, est plus chaud que le feu
du bois de saule. C'est pour ceste raison

qu'il faut sçauoir que le feu est plus chaud & plus puissant en six manieres ; Par nature, comme i'ay dit, car le plus ardent brusle plus legerement & dauantage ; Par la matiere, comme celui qui est au fer ; Par mouuement, car il est plus penetratif ; Par magnitude ou propre, ce qui est commun à chaque feu ; Par l'empeschement de respiration & par côtrainte ensemble, comme il se void en la chaux, qui s'allume d'eau : car la chaleur acquise & causee en la fournaise estant l'espece du feu, est enclose & assemblee dans la chaux, dont elle reuient en feu par le mouuement & assemblage de l'eau. Or le mouuement contraint doit non seulement penetrer dauantage, mais aussi il allume la chaleur, & rend vn feu plus chaud qu'vn autre. Voila pourquoy ce n'est pas grande merueille si l'esclair du Tonnerre a tant de force & de violence que son feu, comme allienné de la nature des autres, fait des choses estranges ; puis que non seulement il penetre plus à cause de son mouuement leger, mais qu'il est beaucoup plus chaud que tout autre feu: D'où vient qu'il peut tuer toutes sortes d'animaux en les touchant, & faire fondre l'argent qui est dans vne bourse sans la brusler ny endommager aucunement. En voicy des tesmoignages si clairs, que qui en voudroit douter ignoreroit la lumiere du Soleil.

Ce fut le Vendredy 8. du present mois de Iuillet, sur les quatre à cinq heures d'apres midy, & au territoire de Bony sur Loire, que le temps estant le plus clair & le plus serain qu'on eust peu desirer, en vn moment l'air se couurit de si espaisses tenebres, qu'on eust dit qu'il estoit nuict. Les vents sortans de leurs abysmes soufflerent de toutes parts, auec tant de violence que l'on pensoit voir choir à bas en vn instant les clochers, les Eglises, les maisons & les arbres. Vne pluye vint si abondante, que ce rauage faisoit croire qu'il s'en deuoit former vn Deluge pour noyer tout

le monde. En moins d'vne demie heure
que continua ce desordre, les chemins furent si pleins d'eau, qu'vn homme à cheual qui s'y fust rencontré eust esté infailli-
blement submergé. Cela n'estoit rien au
prix des feux & esclairs qui paressoient de
toutes parts, & dont les bruits effroyables
faisoient craindre aux plus asseurez que
cette iournee fust la derniere où deuoient
perir toutes les creatures. Cinq hommes
s'estans retirez dans vn bois pour échaper
la violence du foudre, dont ils ne peurent
euiter l'atteinte, en furent frappez dans
vne loge où ils auoient pris retraite: trois
y moururent, & les deux autres blessez
sont en danger de mort. A Ausoüer sur
Treise, à deux lieuës du bois où cet accident est arriué, six bœufs furent aussi tuez,
& celuy qui les faisoit labourer leur tint
compagnie. Le mesme accident est suc-
uenu auprès de la ville de Gyen, où quatre
bœufs & vn homme ont encores esté
tuez. Vn paysan se trouuant mal-heureu-
sement

sement à la campagne pendant ce desordre de feux, de tempestes & d'esclairs, vid & ouït tomber pres de luy le tonnerre, qui le ietta à six grands pas de là, sans luy faire autre mal sinon que de luy donner vne telle peur qu'il fut plus de deux heures sans parler, & depuis il luy semble ne sentir que du soulfre, & veritablement luy-mesme le sent si fort, qu'il est bien mal-aisé d'en approcher à cause de la puanteur. Pour confirmation de la plus grande partie des effects contenus en ce discours, voicy le rapport du sieur Pichery, aussi habile homme en l'art de Chirurgie qu'il y en aye en tout le païs où il demeure. Et pour faire croire cette verité à ceux qui ne la sçauent pas, ie n'ay qu'à dire qu'il a appris la Chirurgie chez deffunct son oncle le sieur Abigot, l'vn des plus sçauans & plus experts Chirurgiens à qui la France ait iamais donné naissance.

Certificat du sieur Pichery, Chirurgien.

IE' Guy Pichery, Maistre Barbier & Chirurgien demeurant à Bonny sur Loire, Certifie à tous qu'il appartiendra auoir veu & visité les corps trouuez morts & blessez en nombre de cinq, sçauoir trois morts & deux blessez d'vn coup de tonnerre & foudre du Ciel le iour de Vendredy dernier huictiesme iour du present mois : Premierement Iean Poyau, Boulanger demeurant audit Bonny, aagé de vingt-cinq ans ou enuiron, a esté trouué mort dedans vne loge où estoient les autres, distante dudit Bonny d'vne lieuë ou enuiron, lequel étoit assis dessus de la paille, les mains jointes, les yeux ouuerts, son chappeau dessus sa teste, percé de plusieurs coups : le plus grand qui paroist prend sur le haut du chappeau du costé droict, & sort à deux doigts du mesme costé, auec plusieurs autres coups, comme de grosses

& menuës dragees qui ont percé ledit
chappeau, sans qu'il y aye aucune fraction
au cuir ny paru chose aucune qu'à l'en-
droit où est le plus grand trou, qui s'est
trouué sur l'os parietal droict, vne contusion de la grosseur d'vne bale de mous-
quet, le poil de la barbe du mesme costé a
esté roussi & bruslé, il luy est paru quel-
ques gouttes de sang aux oreilles & nez,
son cousteau estant dans sa pochette dans
sa guaine du mesme costé, ayant la pointe
en haut, ladite guaine a esté rompuë & le
cousteau fondu en sa pointe, & sur le taillant proche ladite pointe, ledit taillant est
fondu & demeuré comme de couleur d'e-
stain. Il ne s'est trouué aucun mal à ses ha-
bits, ains sont tous entiers. Quatre ou cinq
heures apres sa mort, tout le bas ventre
estant autant ou plus chaud que s'il eust
esté vif, rendoit vne odeur de soulfre brû-
lé, de telle sorte qu'à peine pouuoit-on
durer dans la chambre où il estoit.

Comme aussi l'vn desdits blessez nom-

B ij

mé Iean Hameau, ieune enfant aagé de
treize à quatorze ans, qui fut amené dans
la mesme cherrette que ledit Poyau cy-
dessus, lequel aussi estoit assis dans la mesme loge, lequel éuanouit lors du coup, &
ne peut dire comme quoy la chose est arri-
uée, & l'ayant visité ie luy ay trouué vne
liuidité sur le bras dextre proche l'espau-
le, & de là a suiuy le coup le long de la spi-
nale medule, iusques au bas, y ayant ap-
pliqué des remedes. L'epiderme s'est esle-
uée, d'où il sort quantité de matiere fort
liquide & iaunasse, qui sent côme le soulfre, il ne plaint les blessures côme il plaint
les pieds & arteils, criant incessamment
que les pieds luy bruslent & qu'on les luy
picquent. Il est fort alteré & croit estre
tousiours au milieu de soulfre qui brusle.
Il a la veuë toute esgarée & la voix chan-
gee.

Les deux autres morts des parroisses de
d'Anne-Marie & Baptilly, ont esté visitez,
à l'vn desquels a paru vne petite efflora-

tion au sourcil de l'œil droict, sans qu'à
son corps il aye paru aucune contusion ny
meurtrisseure. L'autre mort visité nud, ne
s'est trouué en aucune partie de son corps
blessure aucune, sinon sur l'estomach vne
petite égratignure : l'vn desquels deux cy-
dessus se trouua assis dans ladite loge, les
yeux ouuerts ; & l'autre debout à l'entree
de ladite loge, & tomba sur le blessé cy-
apres qui estoit à genoüil, lequel blessé
estoit aagé de cinquante-cinq ans ou enuiron, & apres l'auoir visité s'est trouué vn
coup sur le bras droict de la largeur d'vn
cotere, auec son escare bruslé, ce qu'il ne
plaint, ains les iambes. Est à remarquer
que lesdits morts & blessez estoient entre-
lassez, & y auoit tousiours vn blessé entre
les morts.

Le cheual qui mena auec vne charret-
te les deux corps morts de leur maison à
l'Eglise de Baptilly leur parroisse, vint
aueugle, & fit beaucoup d'actions violen-
tes & non accoustumees, & est mort sans

qu'il aye voulu boire ny manger l'espace
de huiét iours ou enuiron.

GVY PICHERY.

Ne sont-ce pas là des accidens esttan-
ges, & des merueilles qu'à peine pourroit-
on croire si on ne sçauoit bien que la puis-
sance de Dieu n'a point de limites, & qu'il
ne manque non plus de moyens pour
nous punir quand nous l'offensons, que
des recompenses lors que nous l'aymons,
côme nous y sommes obligez? Si les De-
mons esmouuent bien les furieuses tempestes sur la mer, & font tomber du haut
de la poupe les Mariniers qui ne se don-
nent de garde: Côme il aduint à Palinure
Patron du nauire d'Enée. Si ces mal-heu-
reux esprits font engloutir les vaisseaux
dans cét Element impitoyable, les pous-
sans contre les rochers où ils se brisent, &
s'ils contraignét la mer à sortir de ses bor-

nes, pour noyer, par la permiſſion de Dieu,
vne grande partie de la terre, comme fit la
mer de Sicile du temps du Pape Damaſe
& d'Alexandre VI. Pourquoy ne croi-
rons-nous pas que ces eſprits ſe meſlent
parmy les foudres & les tonnerres, par la
permiſſion de Dieu, cóme eſtás Miniſtres
de ſa Iuſtice, pour ſe vàger de nos crimes?
Cardan rapporte que l'an 1524. le 18. Iuin
ces eſprits lancerent vn foudre de l'air, qui
tombant ſur la Roche de Milan, tua cent
treize hommes, rompit & briſa les portes,
fit couler toute ceſte grande Machine, &
que le monde proche de 500. pas de la roche tomba en terre comme mort & ſans
ſentiment: apres lequel prodige les Fran-
çois au mois d'Octobre enſuiuant furent
chaſſez du païs. Ie n'aurois iamais fait ſi ie
voulois icy rapporter tout ce qui pourroit
ſeruir à ce ſujet, il me ſuffira des exemples
que i'ay deduits pour rendre ceſte hiſtoire
plus croyable. C'eſt à nous de ſonger ſou-
uent à noſtre fin, à fin que nous ne ſoyons

iamais furpris, & que de quelque accident
de mort dont nous puiffiõs mourir, nous
ne mourions iamais qu'en la grace de
Dieu, pour iouyr de fon Paradis où doi-
uent afpirer nos ames comme à leur cen-
tre.

FIN.